Ernst Probst

Die Attersee-Gruppe

Eine Kulturstufe der Bronzezeit von etwa 1800 bis 1500 v. Chr.

Der GRIN Verlag publiziert seit 1998 wissenschaftliche Arbeiten von Studenten, Hochschullehrern und anderen Akademikern als eBook und gedrucktes Buch. Die Verlagswebsite www.grin.com ist die ideale Plattform zur Veröffentlichung von Hausarbeiten, Abschlussarbeiten, wissenschaftlichen Aufsätzen, Dissertationen und Fachbüchern.

Ernst Probst

Die Attersee-Gruppe

Eine Kulturstufe der Bronzezeit von etwa 1800 bis 1500 v. Chr.

GRIN Verlag

Die Deutsche Bibliothek verzeichnet diese Publikation in der Deutschen Nationalbibliografie; detaillierte bibliografische Daten sind im Internet über http://dnb.d-nb.de/ abrufbar.

1. Auflage 2011
Copyright © 2011 GRIN Verlag GmbH
http://www.grin.com
Druck und Bindung: Books on Demand GmbH, Norderstedt Germany
ISBN 978-3-656-08138-8

Frau aus der Frühbronzezeit in Niederösterreich.
Ausschnitt aus einer Zeichnung
von Friederike Hilscher-Ehlert, Königswinter,
für das Buch »Deutschland in der Bronzezeit« (1996)
von Ernst Probst

Ernst Probst

Die Attersee-Gruppe

Eine Kulturstufe der Bronzezeit
von etwa 1800 bis 1500 v. Chr.

Widmung

Dr. Elisabeth Ruttkay (1926–2009)
und Dr. Johannes-Wolfgang Neugebauer (1949–2002)
gewidmet,
die mich bei meinen Büchern
»Deutschland in der Steinzeit« (1991) und
»Deutschland in der Bronzezeit«(1996)
unterstützt haben,
sowie der wissenschaftlichen Graphikerin
Friederike Hilscher-Ehlert

Inhalt

Der dänische Archäologe Christian Jürgensen Thomsen
(1788–1865) hat 1836 die Urgeschichte
nach dem jeweils am meisten verwendetem Rohstoff
in drei Perioden eingeteilt:
Steinzeit, Bronzezeit und Eisenzeit.

Vorwort

Eine Kulturstufe der Bronzezeit, die von etwa 1800 bis 1500 v. Chr. im Salzkammergut, an der Donau im Raum Linz und am Inn südlich von Passau existierte, steht im Mittelpunkt des Taschenbuches »Die Attersee-Gruppe«. Geschildert werden Hinterlassenschaften der damaligen Ackerbauern, Viehzüchter und Bronzegießer wie Keramik, Schmuckstücke, Werkzeuge und Waffen. Verfasser dieses Taschenbuches ist der Wiesbadener Wissenschaftsautor Ernst Probst. Er hat sich vor allem durch seine Werke »Deutschland in der Urzeit« (1986), »Deutschland in der Steinzeit« (1991) und »Deutschland in der Bronzezeit« (1996) einen Namen gemacht.

Das Taschenbuch »Die Attersee-Gruppe« ist Dr. Elisabeth Ruttkay (1926–2009) und Dr. Johannes-Wolfgang Neugebauer (1949–2002) gewidmet, die den Autor mit Rat und Tat bei seinen Werken über die Steinzeit und Bronzezeit unterstützt haben.

Die Frühbronzezeit in Österreich

Abfolge und Verbreitung der Kulturen und Gruppen

Die Frühbronzezeit (Bronzezeit A) begann in Österreich etwa um 2300 v. Chr. und endete um 1600 v. Chr. Sie wurde von verschiedenen Autoren zunächst in zwei Abschnitte (Stufen A 1 und A 2), später in drei (Stufen A 1, A 2, A 3) oder sogar in vier Abschnitte (Phasen 1, 2, 3, 4) eingeteilt. All diese Gliederungen gehen auf deutsche Experten zurück.

In die älteste Kulturstufe der Frühbronzezeit in Österreich ist die Leithaprodersdorf-Gruppe einzuordnen. Sie existierte von etwa 2300/2200 bis ungefähr 2000 v. Chr. östlich des Wienerwalds in Niederösterreich und im Burgenland.[1]

Die in weiten Gebieten Mitteleuropas nachweisbare Aunjetitzer Kultur war von etwa 2300/2200 bis 1800 v. Chr. im Weinviertel und am Ostrand des Waldviertels im nördlichen Niederösterreich verbreitet.

In Oberösterreich, im Land Salzburg und im Raum Kufstein in Nordtirol behaupteten sich von etwa 2300 bis 1800/1600 v. Chr. Ausläufer der Straubinger Kultur).

Südlich der Donau zwischen Enns und Wienerwald in Niederösterreich hatte ab ungefähr 2300/2200 bis 1800 v. Chr. die Unterwölblinger Gruppe ihr Verbreitungsgebiet.

13

Mit Beil und Schwert bewaffneter Stammesfürst
der mittelbronzezeitlichen Hügelgräber-Kultur
nach einer historischen Trachtenrekonstruktion
des Münchener Historienmalers
und Altertumsforschers Julius Naue (1832–1907)

14

Weise Frau
der mittelbronzezeitlichen Hügelgräber-Kultur
nach einer historischen Trachtenrekonstruktion
des Münchener Historienmalers
und Altertumsforschers Julius Naue (1832–1907)

Im östlichen Niederösterreich südlich der Donau und im nördlichen Burgenland war von etwa 2000 bis 1600 v. Chr. die Wieselburger Kultur heimisch, welche die Leithaprodersdorf-Gruppe ablöste.

Zwischen dem Fluss Leitha in Niederösterreich und dem Südrand des Neusiedler Sees im Burgenland konzentrierte sich von etwa 1800 bis 1500 v. Chr. die Kultur mit Litzenkeramik bzw. Draßburger Kultur.

In der Frühbronzezeit um 1800 v. Chr. ist die Böheimkirchener Gruppe der Veterov-Kultur entstanden. Sie behauptete sich bis ungefähr 1500 v. Chr. südlich der Donau in Niederösterreich. Ihr jüngerer Abschnitt fällt bereits in die Mittelbronzezeit.

Größtenteils der Frühbronzezeit entsprach auch die von zirka 1800 bis 1500 v. Chr. nachweisbare Attersee-Gruppe (s. S. 19). Sie war in Oberösterreich verbreitet und überdauerte teilweise bis in die Mittelbronzezeit.

ELISABETH RUTTKAY,
geboren am 18. Juni 1926 in Pécs (Ungarn),
gestorben am 25. Februar 2009 in Wien.
Sie flüchtete 1956 nach Österreich,
studierte in Wien, arbeitete ab 1962
am Burgenländischen Landesmuseum
in Eisenstadt und ab 1968
an der Prähistorischen Abteilung
des Naturhistorischen Museums, Wien.
Ihr Forschungsgebiet war die Jungsteinzeit,
aus der sie mehrere Gruppen benannt hat.
1977 führte sie für eine
frühbronzezeitliche Kulturstufe
den Begriff Leitha-Gruppe ein
und 1981 prägte sie bei der Beschreibung
bronzezeitlicher Funde
aus der Seeufersiedlung Abtsdorf I am Attersee
den Namen Attersee-Gruppe.

Versunkene Dörfer auf dem Seegrund

Die Attersee-Gruppe

An den Seen im Salzkammergut setzten in der entwickelten Frühbronzezeit die Menschen der Attersee-Gruppe eine Tradition fort, deren Anfänge in Österreich bis in die Jungsteinzeit um etwa 3700 v. Chr. zurückreichen. Bereits damals hatten die Angehörigen der Mondsee-Gruppe eine seltsame Vorliebe dafür entwickelt, ihre Siedlungen an den Ufern von Seen zu gründen. Diese Bauerndörfer wurden früher als »Pfahlbausiedlungen« bezeichnet – ein Begriff, der später aus der Mode gekommen ist.

Zwischen der langlebigen Mondsee-Gruppe[1], die sich vermutlich von etwa 3700 bis 2900 v. Chr. oder sogar noch etwas länger behaupten konnte, und der älteren Stufe der Attersee-Gruppe, die von ungefähr 1800 bis 1500 v. Chr. dauerte, lag eine Zeitspanne von etwa einem Jahrtausend, in der im Salzkammergut keine Seeufersiedlungen bewohnt wurden.

Den Begriff »Attersee-Gruppe« hat 1981 die am Naturhistorischen Museum, Wien, arbeitende Prähistorikerin Elisabeth Ruttkay (1926– 2009) geprägt, als sie die Funde aus der 1977 bei Vermessungsarbeiten des Bundesdenkmalamts Wien entdeckten Seeufersiedlung Abts-

19

Zeichnung auf Seite 21.

Alltag in einer Seeufersiedlung am Mondsee
in Oberösterreich
zur Zeit der jungsteinzeitlichen Mondsee-Gruppe
(etwa 3700 bis 2900 v. Chr.).
Zeichnung von Fritz Wendler (1941-1^995)
für das Buch „Deutschland in der Steinzeit" (1991)
von Ernst Probst

Foto auf Seite 23:

Ehemalige Rekonstruktion eines Pfahlbaudorfes
der jungsteinzeitlichen Mondsee-Gruppe
8etwa 3700 bis 2900 v. Chrl)
bei Kammerl am Nordende des Attersees
in Oberösterreich.
Das Pfahlbaudorf wurde 1910 erbaut,
nach dem Ersten Weltkrieg nicht mehr betreut und verfiel.
1911 hat man es bei Aufnahmen
für den Film „Sterbende Völker" niedergebrannt.

dorf I im Attersee beschrieb. Sie verstand darunter eine Kulturgruppe, die etwa zur gleichen Zeit wie die niederösterreichische Böheimkirchener Gruppe der Veterov-Kultur existierte und im Salzkammergut, an der Donau im Raum Linz und am Inn südlich von Passau siedelte. Die Attersee-Gruppe war eine einheimische Entwicklung. Sie zeichnete sich durch verstärkte östliche Kontakte aus.

Die Wahl von Seeufern als Standorte für Siedlungen war mit etlichen Vorteilen für die Bewohner verbunden. Dort konnten die Dörfer besser vor Feinden geschützt werden, weil man nur die dem Land zugekehrten Seiten mit Palisaden sichern musste. Zudem stand hier für verschiedene Tätigkeiten immer viel Wasser zur Verfügung, beispielsweise für die Bewässerung der Felder, die Tränke des Viehs, die Herstellung von Tongefäßen und das Löschen von Bränden, die durch unachtsamen Umgang mit offenem Feuer ausgelöst wurden. Außerdem boten sich den Bewohnern der Seeufersiedlungen ideale Bedingungen für den Fischfang und die Jagd.

Früher sind die Seeufersiedlungen als im Wasser stehende »Pfahlbaudörfer« definiert worden. Doch heute weiß man, dass die meisten der in Seen gefundenen Siedlungsreste ursprünglich auf dem Ufer gelegen haben und erst später infolge der ansteigenden Wasserspiegel überflutet worden sind. Dass auch die oberösterreichischen »Pfahlbauten« ursprünglich auf trockenem Baugrund errichtet wurden, zeigten die Nachforschungen des Grabungstechnikers Johann Offenberger in Scharfling/Mondsee[2], Weyregg/Attersee[3] und Misling II/Attersee[4].

Als einzige genau untersuchte bronzezeitliche See-ufersiedlung im Salzkammergut gilt bisher die Station Abtsdorf I am Attersee. Man hat zwar von Anfang an Bronzeobjekte geborgen, aber es fehlte bronzezeitliche Keramik, die sich von der jungsteinzeitlichen Tonware unterscheiden ließ. Früher konnte man die vereinzelten frühbronzezeitlichen Proben von Gmunden am Traunsee[5], von Kammerl am Attersee[6] und von der Station See am Mondsee[7] typologisch nur schwer auseinanderhalten, da sie mit jungsteinzeitlichen Tongefäßfragmenten vermengt waren.

Heute liegen spärliche bronzezeitliche Keramikreste und namhafte Bronzefunde besonders von Seewalchen am Attersee aus der Mitte des zweiten vorchristlichen Jahrtausends vor. Sie deuten auf weitere ehemalige Siedlungen an den Salzkammergut-Seen hin. Ihre genaue Lage konnte aber noch nicht lokalisiert werden. Bis weit ins 20. Jahrhundert hinein hat man die Suche und Bergung von Pfahlbauresten mit einfachen Methoden vom Boot aus betrieben. Anfangs wurde der Seeboden mit einer langen Stange aufgewühlt und – wenn sich der aufgewirbelte Schlamm wieder gelegt hatte – abgesucht. War man fündig geworden, so wurde das Boot an einer in den Seeboden gesteckten Stange festgebunden und die Funde mit einer eigens für diesen Zweck konstruierten Zange gehoben. Zerbrechlichere Gegenstände wurden mit einem Schleppnetz an Bord gehievt. Später konstruierte man eine spezielle Bag-

Der Fabrikbesitzer und Prähistoriker
Matthäus Much (1832-1909) aus Wien,
der „Altmeister der prähistorischen Forschung in Österreich",
entdeckte 1872 beim Ausfluss der Seeeache aus dem Mondsee
einen Pfahlbau
und 1874 den Pfahlbau von Scharflinig
bei St. Lorenz am Mondsee.

gerschaufel, mit der man Teile der Kulturschicht ins Boot holte und diese anschließend nach Funden durchsuchte.

Der Wiener Prähistoriker Matthäus Much (1832–1909) entwickelte für seine Untersuchungen im Mondsee und Attersee ein Baggerrohr zur Entnahme von Bodenproben. Dieses Eisenrohr mit einem Durchmesser von 15 Zentimetern war am oberen Ende verschlossen und mit einem Ventil versehen. Das Rohr wurde mit geöffnetem Ventil in den Boden gerammt. Wenn man nun das Ventil schloss und das Rohr aus dem Boden zog, blieb die Bodenprobe aufgrund des entstandenen Vakuums im Rohr. Much gilt als einer der Pioniere der Archäologie in Österreich.

Ein genaueres Bild ergaben erst die ab 1970 in den Seen des Salzkammerguts (Oberösterreich) vorgenommenen modernen Tauchuntersuchungen des Wiener Bundesdenkmalamtes. Auslöser hierfür waren Nachrichten über die Plünderung von »Pfahlbausiedlungen« durch Sporttaucher. Die Tauchaktionen des Bundesdenkmalamtes wurden vom Grabungstechniker Johann Offenberger geleitet und dankenswerterweise von Mitgliedern des Unterwassertauchclubs Wels unterstützt. Bei den Pfahlbauuntersuchungen durch das Bundesdenkmalamt kamen Unterwasserbohrgeräte zum Einsatz, die nach demselben Vakuumprinzip arbeiteten wie das von Matthäus Much erdachte Baggerrohr. Die Suche nach archäologischen Funden in den oberösterreichischen Seen wurde durch die Schlammschicht auf dem Grund dieser Gewässer sehr erschwert. Im

Doppelt verkehrt-herzförmiger bronzener Anhänger
der Attersee-Gruppe aus der Seeufersiedlung Kammerl am Attersee
in Oberösterreich.
Maximale Länge des Anhängers 3,5 Zentimeter.
Das Original in Budapest ist verschollen.

Mondsee reichte die Sicht ab etwa drei Meter Tiefe manchmal nur noch einen Meter weit, im Attersee maximal zwei Meter. Dadurch ließen sich die Holzpfähle der »Pfahlbauten« von den auf natürliche Weise auf den Seegrund geratenen Steinen kaum unterscheiden.

Trotz dieser Probleme waren die Tauchuntersuchungen des Bundesdenkmalamts von Erfolg gekrönt. Dabei wurden nicht nur bereits verschollene Seeufersiedlungen wiedergefunden, sondern auch die in alter Fachliteratur mehrfach verwechselten Fundortnamen korrigiert, die Ausdehnung und der Erhaltungszustand der einstigen Siedlungen ermittelt, die Bodenverhältnisse erkundet und neue Siedlungen entdeckt. Darüber hat Johann Offenberger 1986 ausführlich berichtet.

1989 folgte ein vom österreichischen Fonds zur Förderung der wissenschaftlichen Forschung unterstütztes interdisziplinäres Pfahlbauprojekt. Dessen Ziel ist es, den gesamten Fundbestand der Seeufersiedlungen aufzunehmen und auszuwerten. Angesichts der insgesamt etwa 30 »Pfahlbauten« in Österreich ist dies eine gewaltige Aufgabe.

Vor der Publikation von Elisabeth Ruttkay aus dem Jahre 1981 war das Vorhandensein bronzezeitlicher Keramik im Fundgut der österreichischen Seeufersiedlungen der Fachwelt nicht sonderlich bekannt gewesen. Frühere Bearbeiter chronologischer Abfolgen der österreichischen Seeufersiedlungen – wie der bereits erwähnte Matthäus Much, die Prähistoriker Richard Pittioni (1906–1985), Kurt Willvonseder (1903–1968), alle drei aus Wien, sowie der deutsche Prähistoriker Jürgen

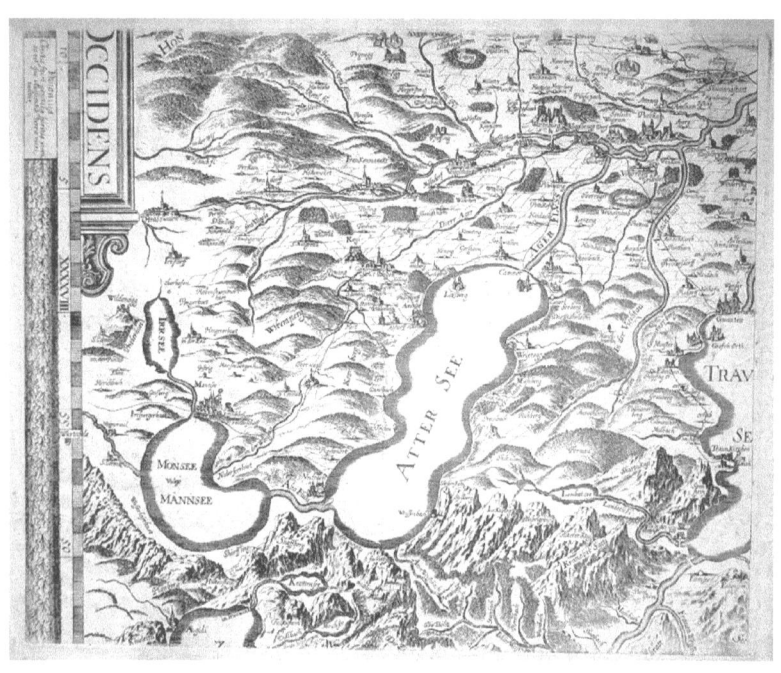

Kupferstich vom Attersee,
1672 geschaffen von dem österreichischen Kartographen
Georg Matthäus Vischer (1628–1696)

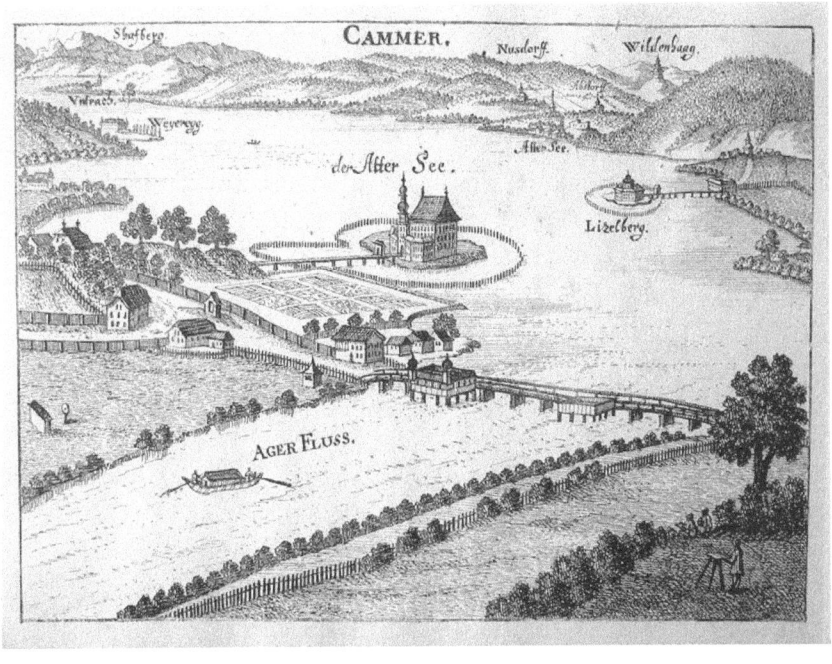

Kupferstich vom Attersee,
1674 geschaffen von dem österreichischen Kartographen
Georg Matthäus Vischer (1628–1696)

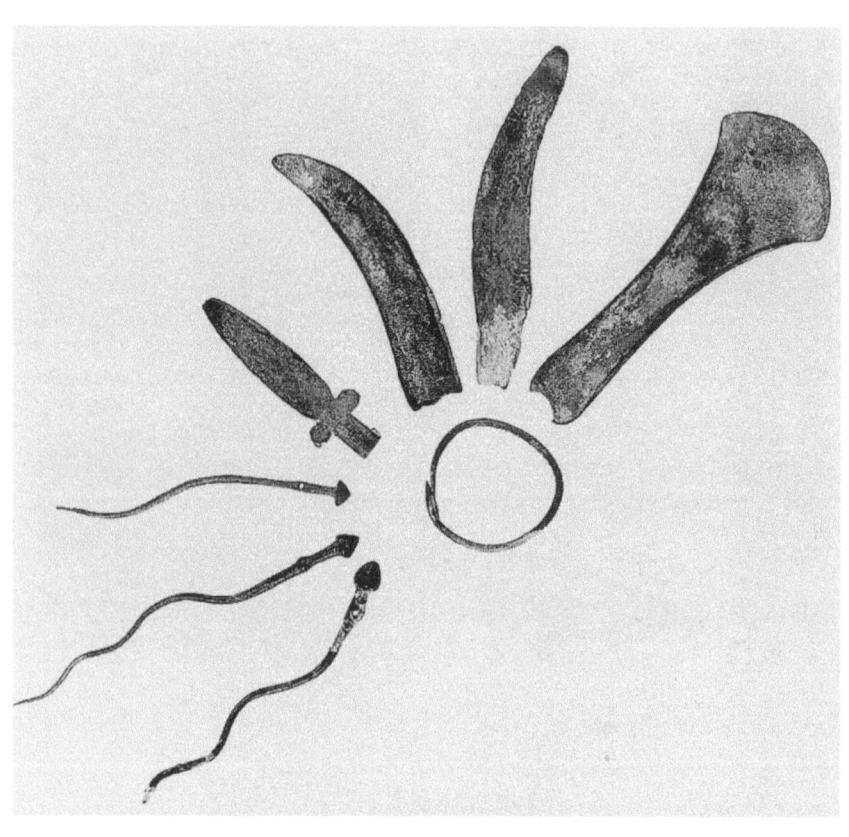

Metallene Gegenstände der Attersee-Gruppe
aus der Seeufersiedlung Seewalchen am Attersee
in Oberösterreich.
Darunter befindet sich ein 8,5 Zentimeter langes Rasiermesser
des Typs Padnal (viertes Objekt von links).
Originale im Museum Mondsee

Driehaus (1927–1986) – hatten ihr Augenmerk hauptsächlich auf die zahlreichen Metallobjekte aus den Seeufersiedlungen gerichtet.

Kurt Willvonseder zum Beispiel erkannte in den 1960-er Jahren drei voneinander deutlich unterscheidbare Metallfundgruppen. Davon entsprachen die Metallgruppe I der Kupferzeit, die Metallgruppe II der »Übergangsperiode« von der späten Frühbronzezeit (Bronzezeit A 2) zur frühen Mittelbronzezeit (Bronzezeit B 1) und die Metallgruppe III der Spätbronzezeit.

Heute steht fest, dass die Metallgruppe II im Sinne Willvonseders die Attersee-Gruppe repräsentiert. Sie umfasst Rollenkopfnadeln, Kugelkopfnadeln, Kegelkopfnadeln, verkehrt-herzförmige Anhänger, Armreife mit Endspiralen, Griffangeldolche, Griffplattendolche, Randleistenbeile, Sicheln und Rasiermesser des Typs Padnal, die nach einem Fundort im schweizerischen Kanton Graubünden benannt sind.

Die für die Erforschung der Attersee-Gruppe so wichtige Seeufersiedlung Abtsdorf I hat etwa um 1600 v. Chr. existiert, was der Übergangsphase zwischen später Frühbronze- und früher Mittelbronzezeit entspricht. Das Alter dieses Bauerndorfes wurde durch eine Datierung von Holzpfählen nach der Radiokarbon- oder Radiokohlenstoff-Methode ermittelt. Man nennt sie wissenschaftlich auch 14C-Methode oder populär C14-Methode.

Die C14-Methode beruht darauf, dass jedes Lebewesen – sei es eine Pflanze, ein Tier oder ein Mensch – radioaktiven Kohlenstoff mit dem Atomgewicht 14

(C14) aufnimmt. Dieser Prozess endet erst mit dem Tod des Lebewesens, von dem ab das C14 nach der so genannten Halbwertszeit von durchschnittlich 5568 Jahren genau in die halbe Menge zerfällt und dabei in das stabile radioaktive Stickstoffisotop N14 umgewandelt wird. Auf diese Weise lässt sich anhand des jeweiligen Rests von C14 in Holz oder Knochen das absolute Alter in Jahren von manchen Funden ermitteln. Über den Alltag der Attersee-Leute ist wenig bekannt. Wenigstens ein Gerät liefert über das Leben der Attersee-Bauern wichtige Hinweise: das gekrümmte bronzene Erntemesser vom Typ Böheimkirchen, das von den Attersee-Stationen mehrfach vorliegt. Auf Ackerbau deuten auch nicht genau datierbare Brotreste aus Seeufersiedlungen vom Mondsee hin. Ein guterhaltenes Brot hat einen Durchmesser von 7,5 und eine Dicke von drei Zentimetern.

Das bescheidene Wissen über die Siedlungen, Keramik und Metallerzeugnisse stützt sich meistens auf unter ungünstigen Umständen geborgene Hinterlassenschaften aus ehemaligen Seeufersiedlungen. Bei manchen Funden ist umstritten, ob sie noch aus der Kupferzeit oder schon aus der Frühbronzezeit stammen. In beiden Abschnitten hat es beispielsweise Werkzeuge, Waffen und Schmuck aus Kupfer sowie Geflechte aus Bast, Binsen oder Rindenstreifen und Holzgefäße gegeben. Gräber der Attersee-Gruppe sind bisher nicht aufgespürt worden.

Anmerkungen

1] Die Zusammenstellung dieser Übersicht über die Verbreitung und Zeitdauer von Kulturen der Frühbronzezeit entstand mit Hilfe der Prähistorikerin Elisabeth Ruttkay vom Naturhistorischen Museum, Wien, und des Prähistorikers Johannes-Wolfgang Neugebauer vom Bundesdenkmalamt Wien.

Die Attersee-Gruppe in der Frühbronzezeit
1] Der Begriff Mondsee-Gruppe geht auf den Berliner Prähistoriker Alfred Götze (1865–1948) zurück, der 1900 vom Mondsee-Typus oder von der Mondsee-Gruppe gesprochen hatte. Der Name erinnert an den Mondsee in Oberösterreich, in dem 1872 von dem Wiener Fabrikbesitzer und Prähistoriker Matthäus Much (1832–1909) am Ausfluss der Seeache das so genannte Pfahlfeld See beziehungsweise die Station See entdeckt wurde.
2] Die Seeufersiedlung von Scharfling/Mondsee wurde 1874 von Matthäus Much aufgespürt.
3] In Weyregg/Attersee hat 1871 Gundakcr Graf Wurmbrand (1838–1901) eine Seeufersiedlung entdeckt.
4] Die Seeufersiedlung von Misling II/Attersee bei Unterach wurde 1973 bis 1976 durch Taucher untersucht.

5] Die Seeufersiedlung von Gmunden/Traunsee wurde 1870 entdeckt.
6] Die Seeufersiedlung von Kammerl/Attersee wurde 1871 aufgespürt.
7] s. Anm. 1

Literatur

Die Frühbronzezeit in Österreich
FONTANA, Josef / HAIER, Peter W. / LEITNER, Walter / Mühlberger, Georg / PALME, Rudolf / PARTELI, Othmar / RIEDMANN, Josef: Geschichte des Landes Tirol, Band 1, Bozen 1985

FRANZ, Leonhard / NEUMANN, Alfred R. (Herausgeber: Lexikon ur- und frühgeschichtlicher Fundstätten Österreichs, Wien 1965

LIPPERT, Andreas (Herausgeber): Reclams Archäologieführer Österreich und Südtirol, Stuttgart 1985.

MAURER, Hermann: Abriß der Ur- und Frühgeschichte des Waldviertels. Mannus, Band 51, S. 276–325, Bonn 1986

NEUGEBAUER, Johannes-Wolfgang: Die Bronzezeit im Osten Österreichs. Forschungsberichte zur Ur- und Frühgeschichte, Band 13, Sankt Pölten/Wien 1987

NEUGEBAUER, Johannes-Wolfgang: Österreichs Urzeit. Bärenjäger, Bauern, Bergleute, Wien/München 1990

NEUGEBAUER, Johannes-Wolfgang: Die frühe und mittlere Bronzezeit. Aus: Archäologie in Niederösterreich. St. Pölten und das Traisental, S. 51–78, Sankt Pölten 1993

NEUGEBAUER, Johannes-Wolfgang: Die Bronzezeit in Ostösterreich. Wissenschaftliche Schriftenreihe NÖ, Sankt Pölten/Wien 1994

NEUGEBAUER, Johannes-Wolfgang / NEUGE-BAUER-MARESCH, Christine: Überblick über die frühe und mittlere Bronzezeit in Ostösterreich. Aus: Beiträge zur Geschichte und Kultur der mittel-äeuropäischen Bronzezeit, Teil II, S. 309–349, Berlin/Nitra 1990

PITTIONI, Richard: Urgeschichte des österreichischen Raumes, Wien 1954

PITTIONI, Richard: Die Bronzezeit. Aus: Vom Faustkeil zum Eisenschwert. Eine kleine Einführung in die Urgeschichte Niederösterreichs, Horn 1964

PITTIONI, Richard: Geschichte Österreichs, Band 1/2 – Urzeit von etwa 80 000 bis 15 v. Chr. Anmerkungen und Exkurse, Wien 1980

PRIMAS, Margarita: Untersuchungen zu den Be-stattungssitten der ausgehenden Kupfer- und Früh-bronzezeit. 58. Bericht der Römisch-Germanischen Kommission, S. 1– 160, Frankfurt/Main 1978

PROBST, Ernst: Deutschland in der Bronzezeit. Bauern, Bronzegießer und Burgherren zwischen Nordsee und Alpen, München 1996

SCHUBERT, Eckehart: Zur Frühbronzezeit an der mittleren Donau. Germania, Jahrgang 45, S. 264–286, Frankfurt/ Main 1967

SCHUBERT, Eckehart: Studien zur frühen Bronzezeit an der mittleren Donau. 54. Bericht der Römisch-Germanischen Kommission 1973, S. 1–105, Berlin 1974

URBAN, Otto H.: Wegweiser in die Urgeschichte Österreichs, Wien 1989

Die Attersee-Gruppe

OFFENBERGER, Johann: Die oberösterreichischen Pfahlbauten. Die Untersuchungen des Bundesdenkmalamtes in den Jahren 1970–1974. Archaeologia Austriaca, Beiheft 13, Festschrift Richard Pittioni, S. 249–277, Wien 1976

OFFENBERGER, Johann: Pfahlbauten, Feuchtbodensiedlungen und Packwerke. Bodendenkmale in einer modernen Umwelt. Archaeologia Austriaca, Heft 70, S. 205–226, Wien 1986

OFFENBERGER, Johann / NICOLUSSI, Siegfried: Tauchuntersuchungen der Abt. f. Bodendenkmale des Bundesdenkmalamtes im Attersee und im Traunsee. Fundberichte aus Österreich, Band 20, S. 223–244, Wien 1981

PROBST, Ernst: Die »Pfahlbauern« der Salzkammergut-Seen. Die Mondsee-Gruppe. Aus: Deutschland in der Steinzeit. Jäger, Fischer und Bauern zwischen Nordsee und Alpen, S. 447–451, München 1991

RUTTKAY, Elisabeth: Typologie und Chronologie der Mondsee-Gruppe. Aus: Das Mondseeland. Geschichte und Kultur, S. 269–294, Linz 1981

RUTTKAY, Elisabeth: Archäologisches Fundmaterial aus den Stationen Abtsdorf I, Abtsdorf II und Weyregg I. Fundberichte aus Österreich, Band 21, S. 19–24, Wien 1982

RUTTKAY, Elisabeth: Beiträge zu Typologie und Chronologie der Siedlungen in den Salzkammergutseen. Aus: Die ersten Bauern, Pfahlbaufunde Europas, Band 2, S. 110– 121, Zürich 1990

WILLVONSEDER, Kurt: Die jungsteinzeitlichen und bronzezeitlichen Pfahlbauten des Attersees in Oberösterreich. Mitteilungen der Prähistorischen Kommission, Band 11/12, Wien 1963–1968

Bildquellen

Klaus Benz, Fotograf, Mainz-Laubenheim: 43
Reproduktion einer Zeichnung von Fritz Wendler
(1941–1995) für das Buch »Deutschland in der
Steinzeit« (1991) von Ernst Probst: 21
Reproduktionen von Fotos aus dem Buch »Deutschland in der Bronzezeit« (1996) von Ernst Probst: 28,
32 (Naturhistorisches Museum Wien, Prähistorische
Abteilung), 18 (Dr. Elisabeth Ruttkay, Naturhistorisches Museum Wien)
Reproduktionen von Fotos aus dem Buch »Deutsch-
land in der Steinzeit« (1991) von Ernst Probst:
23 (Römisch-Germanisches Zentralmuseum, Mainz),
26 (Reproduktion aus Hubert Schmidt: Matthäus
Much †, Prähistorische Zeitschrift, S. 430-432, Berlin
1910)
Reproduktionen von Kupferstichen des österreichischen Kartographen Georg Matthäus Vischer
(1628–1696): 30, 31
Reproduktionen von Zeichnungen aus dem Buch
»Deutschland in der Bronzezcit« (1996) von Ernst
Probst: 9 (Reproduktion aus Jorn Street-Jensen:
Christian Jürgensen Thomsen und Ludwig Linden-
schmit: Eine Gelehrtenkorrespondenz aus der
Frühzeit der Altertumskunde (1853–1964), Mainz
1985), 14, 15 (Reproduktionen historischer
Trachtenrekonstruktionen des Münchner Historien-

malers und Altertumsforschers Julius Naue, Foto:
Prähistorische Staatssammlung, München)
Zeichnungen von Friederike Hilscher-Ehlert für das
Buch »Deutschland in der Bronzezeit« (1996) von
Ernst Probst: 1

Der Autor Ernst Probst

Ernst Probst, geboren am 20. Januar 1946 in Neunburg vorm Wald im bayerischen Regierungsbezirk Oberpfalz, ist Journalist und Wissenschaftsautor. Er arbeitete von 1968 bis 1971 als Redakteur bei den »Nürnberger Nachrichten«, von 1971 bis 1973 in der Zentralredaktion des »Ring Nordbayerischer Tageszeitungen« in Bayreuth und von 1973 bis 2001 bei der »Allgemeinen Zeitung«, Mainz. In seiner Freizeit schrieb er Artikel für die »Frankfurter Allgemeine Zeitung«, »Süddeutsche Zeitung«, »Die Welt«, »Frankfurter Rundschau«, »Neue Zürcher Zeitung«, »Tages-Anzeiger«, Zürich, »Salzburger Nachrichten«, »Die Zeit«, »Rheinischer Merkur«, »Deutsches Allgemeines Sonntagsblatt«, »bild der wissenschaft«, »kosmos«, »Deutsche Presse-

Agentur« (dpa), »Associated Press« (AP) und den »Deutschen Forschungsdienst« (df). Aus seiner Feder stammen die Bücher »Deutschland in der Urzeit« (1986), »Deutschland in der Steinzeit« (1991), »Rekorde der Urzeit« (1992), »Dinosaurier in Deutschland« (1993 zusammen mit Raymund Windolf) und »Deutschland in der Bronzezeit« (1996). Von 2001 bis 2006 betätigte sich Ernst Probst als Buchverleger sowie zeitweise als internationaler Fossilienhändler und Antiquitäten-händler. Insgesamt veröffentlichte er mehr als 100 Bücher, Taschenbücher, Broschüren und E-Books.

Bücher von Ernst Probst

Affenmenschen
Von Bigfoot bis zum Yeti

Annie Oakley
Die Meisterschützin des Wilden Westens

Archaeopteryx. Der Urvogel aus Bayern

Christl-Marie Schultes. Die erste Fliegerin in Bayern
(zusammen mit Theo Lederer)

Cortés und Malinche. Der spanische Eroberer
und seine indianische Geliebte

Das Dinotherium-Museum Eppelsheim
Führer durch die Ausstellung
(zusammen mit Dr. Jens Lorenz Franzen
und Heiner Roos)

Der Europäische Jaguar

Der Mosbacher Löwe
Die riesige Raubkatze aus Wiesbaden

Der Rhein-Elefant
Das Schreckenstier von Eppelsheim

Der Schwarze Peter
Ein Räuber im Hunsrück und Odenwald

Der Ur-Rhein
Rheinhessen vor zehn Millionen Jahren

Deutschland im Eiszeitalter

Deutschland in der Frühbronzezeit

Deutschland in der Mittelbronzezeit

Deutschland in der Spätbronzezeit

Die Bronzezeit

Die Aunjetitzer Kultur in Deutschland

Die Straubinger Kultur in Deutschland

Die Singener Gruppe
und die Oberrhein-Hochrhein-Gruppe

Die Arbon-Kultur in Deutschland

Die Ries-Gruppe und die Neckar-Gruppe

Die Adlerberg-Kultur

Der Sögel-Wohlde-Kreis

Die nordische Bronzezeit in Deutschland

Die Hügelgräber-Kultur in Deutschland

Die Bronzezeit in der Lüneburger Heide

Die Stader Gruppe

Die Urnenfelder-Kultur in Deutschland

Die Lausitzer Kultur in Deutschland

Die Dolchzahnkatze *Megantereon*

Die Dolchzahnkatze *Smilodon*

Die Säbelzahnkatze *Machairodus*

Die Säbelzahnkatze *Homotherium*

Dinosaurier in Deutschland. Vom *Efraasia*
bis zu *Sellosaurus*

Dinosaurier von A bis K. Von *Abelisaurus*
bis zu *Kritosaurus*

Dinosaurier von L bis Z. Von *Labocania*
bis zu *Zupaysaurus*

Eiszeitliche Geparde in Deutschland

Eiszeitliche Leoparden in Deutschland

Frauen im Weltall

Höhlenlöwen. Raubkatzen im Eiszeitalter

Johann Jakob Kaup
Der große Naturforscher aus Darmstadt

Julchen Blasius. Die Räuberbraut des Schinderhannes

Königinnen der Lüfte in Deutschland

Königinnen der Lüfte in Europa

Königinnen der Lüfte in England, Australien
und Neuseeland

Königinnen der Lüfte in Frankreich

Königinnen der Lüfte in Amerika

Königinnen der Lüfte von A bis Z

Königinnen des Tanzes

Malende Superfrauen

Meine Worte sind wie die Sterne
Die Entstehung der Rede des Häuptlings Seattle
(zusammen mit Sonja Probst)

Monstern auf der Spur
Wie die Sagen über Drachen, Riesen
und Einhörner entstanden

Österreich in der Frühbronzezeit

Österreich in der Mittelbronzezeit

Österreich in der Spätbronzezeit

Die Leithaprodersdorf-Gruppe

Die Aunjetitzer Kultur in Österreich

Die Straubinger Kultur in Österreich

Die Unterwölblinger Gruppe

Die Wieselburg-Kultur

Die Litzenkeramik oder Draßburger Kultur

Die Veterov-Kultur
und die Böheimkirchener Gruppe

Die Attersee-Gruppe

Pompadour und Dubarry. Die Mätressen
von Louis XV.

Raub-Dinosaurier von A bis Z.
Mit Zeichnungen von Dmitry Bogdanav
und Nobu Tamura

Rekorde der Urmenschen
Erfindungen, Kunst und Religion

Rekorde der Urzeit
Landschaften, Pflanzen und Tiere

Säbelzahnkatzen. Von *Machairodus*
bis zu *Smilodon*

Säbelzahntiger am Ur-Rhein. *Machairodus*
und *Paramachairodus*

Seeungeheuer
Von Nessie bis zum Zuiyo-maru-Monster

Superfrauen aus dem Wilden Westen

Superfrauen 1 – Geschichte

Superfrauen 2 – Religion

Superfrauen 3 – Politik

Superfrauen 4 – Wirtschaft und Verkehr

Superfrauen 5 – Wissenschaft

Superfrauen 6 – Medizin

Superfrauen 7 – Film und Theater

Superfrauen 8 – Literatur

Superfrauen 9 – Malerei und Fotografie

Superfrauen 10 – Musik und Tanz

Superfrauen 11 – Feminismus und Familie

Superfrauen 12 – Sport

Superfrauen 13 – Mode und Kosmetik

Superfrauen 14 – Medien und Astrologie

Tony und Bruno Werntgen. Zwei Leben
für die Luftfahrt (zusammen mit Paul Wirtz)

Zenobia von Palmyra. Eine Frau kämpft
gegen die Römer

Bestellungen bei: http://www.grin.com